The Secret Cookie Recipes: And Other Bilingual German-English Stories for Kids

Pomme Bilingual

Published by Pomme Bilingual, 2024.

While every precaution has been taken in the preparation of this book, the publisher assumes no responsibility for errors or omissions, or for damages resulting from the use of the information contained herein.

THE SECRET COOKIE RECIPES: AND OTHER BILINGUAL GERMAN-ENGLISH STORIES FOR KIDS

First edition. July 30, 2024.

ISBN: 979-8227077554

Written by Pomme Bilingual.

Table of Contents

Der Wunderbare Zuckerknopf

Es war einmal ein kleiner Junge namens Emil, der in einer winzigen Stadt lebte, die für ihre langweiligen Süßigkeiten bekannt war. Emil hatte immer davon geträumt, etwas Spannenderes zu erleben als die langweiligen Bonbons, die es überall zu kaufen gab. Eines Tages, während er durch den Wald spazierte, stieß er auf eine geheimnisvolle, verlassene Fabrik. Die hohen, rostigen Tore und die dichten Kletterpflanzen, die das Gebäude bedeckten, machten es fast unsichtbar.

"Was ist das?", fragte sich Emil neugierig und drückte sein Ohr gegen das kühle Metalltor. Er hörte ein leises Summen und Klirren, als ob drinnen etwas arbeitete. "Vielleicht ist das eine alte Süßigkeitenfabrik", dachte Emil und sein Herz begann schneller zu schlagen. Er wusste, dass er hinein musste.

Nachdem er eine Weile herumgestöbert hatte, fand Emil einen kleinen Seiteneingang, der leicht aufgebrochen war. Vorsichtig schlüpfte er hindurch und stand in einem riesigen Raum voller gigantischer Maschinen und Rohre, die sich durch die Luft schlängelten. Die Luft war erfüllt von einem süßen Duft, der seine Nase kitzelte. Plötzlich fiel Emils Blick auf einen glänzenden, roten Knopf in der Mitte des Raumes, auf dem "Zuckerknopf" stand.

Emil konnte seine Neugierde nicht zügeln und drückte den Knopf. Sofort erwachte die Fabrik zum Leben. Maschinen ratterten und dampften, und ein Regenbogen aus Süßigkeiten begann aus großen Rohren zu fließen. Lutscher, Bonbons, Schokoriegel und Gummibärchen füllten die Luft. Emil konnte seinen Augen kaum trauen.

Mitten in diesem Süßigkeitenwunder erschien ein alter Mann in einem bunten Anzug. Er trug eine hohe, weiße Kochmütze und seine Augen funkelten vor Freude. "Willkommen, mein Junge! Ich bin Herr Schoko, der Besitzer dieser magischen Fabrik", sagte er mit einer tiefen Verbeugung.

Emil erzählte Herrn Schoko von der langweiligen Süßigkeitenstadt, in der er lebte. Herr Schoko lachte herzlich. "Diese Fabrik war früher die beste im ganzen Land, aber sie wurde vergessen. Vielleicht kannst du mir helfen, sie wieder zum Leben zu erwecken und die Menschen mit fantastischen Süßigkeiten zu überraschen!"

Herr Schoko führte Emil in einen geheimen Raum, der vollgestopft war mit Rezeptbüchern und exotischen Zutaten. "Das hier ist das Herz der Fabrik", erklärte Herr Schoko. "Jedes Rezept hier ist einzigartig und wird mit einer Prise Magie hergestellt." Er überreichte Emil ein altes, ledergebundenes Buch. "Das ist das magische Rezeptbuch. Es enthält die geheimsten und köstlichsten Rezepte, die je erfunden wurden."

Emil blätterte durch die Seiten und fand Rezepte für glitzernde Regenbogenbonbons, sprechende Schokoriegel und knisternde Kaugummis. "Lass uns die beste Süßigkeit aller Zeiten herstellen!" rief Emil begeistert.

Mit der Hilfe von Herrn Schoko und dem magischen Rezeptbuch stellte Emil die erstaunlichsten Süßigkeiten her, die

die Welt je gesehen hatte. Die Nachricht von der wiederbelebten Fabrik verbreitete sich wie ein Lauffeuer und bald kamen die Menschen aus nah und fern, um die köstlichen Wunder zu kosten.

Am Tag der großen Eröffnung strömten die Leute zur Fabrik. Kinder und Erwachsene standen in langen Schlangen, um einen Blick auf die magischen Süßigkeiten zu werfen und sie zu probieren. Emil und Herr Schoko standen stolz am Eingang und begrüßten jeden Gast mit einem strahlenden Lächeln.

Die Fabrik wurde ein riesiger Erfolg und brachte Freude und Magie in das Leben der Menschen. Emil lernte alles über die Kunst der Süßigkeitenherstellung und wurde schließlich Herr Schokos Partner. Zusammen entwickelten sie immer neue und aufregendere Süßigkeiten, die die Menschen zum Staunen brachten.

Und so lebte Emil glücklich bis ans Ende seiner Tage, umgeben von einer Welt voller Wunder und Süßigkeiten. Und die kleine Stadt, die einst so langweilig war, wurde zu einem Ort, an dem Träume wahr wurden und jedes Kind ein Lächeln im Gesicht hatte.

The Wonderful Sugar Button

Once upon a time, there was a little boy named Emil who lived in a tiny town known for its boring sweets. Emil had always dreamed of experiencing something more exciting than the dull candies available everywhere. One day, while walking through the forest, he stumbled upon a mysterious, abandoned factory. The tall, rusty gates and the thick vines covering the building made it almost invisible.

"What is this?" Emil asked himself curiously, pressing his ear against the cool metal gate. He heard a faint humming and clinking, as if something was working inside. "Maybe it's an old candy factory," Emil thought, and his heart began to race. He knew he had to get inside.

After exploring for a while, Emil found a small side entrance that was slightly broken open. Cautiously, he slipped through and found himself in a huge room full of gigantic machines and pipes snaking through the air. The air was filled with a sweet aroma that tickled his nose. Suddenly, Emil's eyes fell on a shiny, red button in the middle of the room, labeled "Sugar Button."

Emil couldn't contain his curiosity and pressed the button. Immediately, the factory came to life. Machines clattered and steamed, and a rainbow of candies began flowing from large pipes. Lollipops, bonbons, chocolate bars, and gummy bears filled the air. Emil could hardly believe his eyes.

Amidst this candy wonder, an old man in a colorful suit appeared. He wore a tall, white chef's hat, and his eyes sparkled with joy. "Welcome, my boy! I am Mr. Choco, the owner of this magical factory," he said with a deep bow.

Emil told Mr. Choco about the boring candy town he lived in. Mr. Choco laughed heartily. "This factory used to be the best in the land, but it was forgotten. Perhaps you can help me bring it back to life and surprise people with fantastic candies!"

Mr. Choco led Emil to a secret room packed with recipe books and exotic ingredients. "This is the heart of the factory," explained Mr. Choco. "Every recipe here is unique and made with a pinch of magic." He handed Emil an old, leather-bound book. "This is the magical recipe book. It contains the most secret and delicious recipes ever invented."

Emil flipped through the pages and found recipes for glittering rainbow bonbons, talking chocolate bars, and crackling gum. "Let's make the best candy ever!" Emil exclaimed excitedly.

With the help of Mr. Choco and the magical recipe book, Emil created the most amazing candies the world had ever seen. News of the revived factory spread like wildfire, and soon people came from near and far to taste the delightful wonders.

On the day of the grand opening, people flocked to the factory. Children and adults stood in long lines to catch a glimpse of the magical candies and taste them. Emil and Mr. Choco stood proudly at the entrance, welcoming each guest with a beaming smile.

The factory became a huge success, bringing joy and magic into people's lives. Emil learned all about the art of candy making and eventually became Mr. Choco's partner. Together, they developed new and exciting candies that amazed people.

And so, Emil lived happily ever after, surrounded by a world full of wonders and sweets. The little town that was once so boring became a place where dreams came true and every child had a smile on their face.

Panda Paul und die Geheimen Keksrezepte

In einem fernen Land, wo die Bambuswälder so dicht wie der Himmel waren, lebte ein besonderer Panda namens Paul. Paul war kein gewöhnlicher Panda – während andere Pandas sich von Bambus ernährten, hatte Paul eine große Leidenschaft für Kekse. Egal, ob Schokoladenkekse, Haferkekse oder knusprige Butterkekse, Paul liebte sie alle. Jeden Tag suchte er nach neuen Sorten, die er probieren konnte, und seine Freunde nannten ihn liebevoll "Keks-Paul".

Eines Tages, als Paul durch den Wald schlenderte und nach einem neuen Keksabenteuer Ausschau hielt, bemerkte er einen wunderbaren Duft, der durch die Luft wehte. Es roch nach frisch gebackenen Keksen, süß und verlockend. Pauls Nase zuckte vor Aufregung und er folgte dem köstlichen Aroma, bis er auf eine alte, verlassene Hütte stieß, die tief im Wald versteckt war.

Paul schaute neugierig durch das staubige Fenster der Hütte und entdeckte eine Reihe von Backutensilien und ein großes, goldenes Buch, das auf einem Tisch lag. Seine Keksleidenschaft überwältigte seine Vorsicht, und er drückte die quietschende Tür auf. Drinnen fand er das Buch, das "Die Geheimen Keksrezepte" genannt wurde. Mit zitternden Pfoten öffnete Paul das Buch und sah Rezepte für die erstaunlichsten Kekse, die er je gesehen hatte – Karamellkekse, die im Mund schmolzen, Kekse, die wie kleine Feuerwerke knisterten, und Kekse, die funkelten wie Sterne.

Paul konnte es kaum erwarten, die Rezepte auszuprobieren. Er suchte in der Hütte nach den notwendigen Zutaten und begann sofort zu backen. Der Raum füllte sich bald mit dem verführerischen Duft frisch gebackener Kekse. Paul probierte den ersten Keks und seine Augen leuchteten auf. "Das ist der beste Keks, den ich je gegessen habe!", rief er aus.

Während Paul begeistert weiterbackte, öffnete sich plötzlich die Tür der Hütte und eine alte Dame mit einem fröhlichen Gesicht und einer Schürze, die mit Mehl bedeckt war, trat ein. "Wer bist du und was machst du in meiner Hütte?" fragte sie mit einer warmen Stimme.

Paul war überrascht und ein wenig verlegen. "Ich bin Paul, der Panda. Ich habe den Duft deiner köstlichen Kekse gerochen und konnte nicht widerstehen. Es tut mir leid, wenn ich eingedrungen bin."

Die alte Dame lächelte. "Ich bin Frau Krümel, die Bäckerin dieser wundervollen Kekse. Es freut mich, dass du meine Kekse magst. Vielleicht kannst du mir helfen, diese Rezepte zu perfektionieren und neue zu kreieren."

Paul und Frau Krümel wurden schnell Freunde und begannen gemeinsam zu backen. Sie experimentierten mit verschiedenen Zutaten und entwickelten neue, fantastische Keksrezepte. Jeder Keks hatte seine eigene besondere Magie – einige machten einen unsichtbar, andere ließen einen fliegen, und wieder andere konnten Wünsche erfüllen.

Die Nachricht von den magischen Keksen verbreitete sich schnell im ganzen Wald, und bald kamen Tiere von nah und fern, um die wunderbaren Kekse zu probieren. Es war eine Zeit voller Freude und Überraschungen, und Paul war überglücklich, seine Leidenschaft für Kekse mit anderen teilen zu können.

Eines Nachts, als alle schliefen, schlich sich eine Bande von listigen Affen in die Hütte und stahl das goldene Rezeptbuch. Als Paul und Frau Krümel am nächsten Morgen aufwachten, waren sie bestürzt. Ohne das Buch konnten sie keine neuen magischen Kekse mehr backen.

"Wir müssen das Buch zurückbekommen!", sagte Paul entschlossen. Gemeinsam mit Frau Krümel und einigen Freunden, darunter ein schlauer Fuchs namens Felix und eine weise Eule namens Elvira, machten sie sich auf den Weg, um die Keksdieb Bande zu finden.

Die Verfolgung führte sie durch tiefe Wälder, über hohe Berge und durch reißende Flüsse. Unterwegs mussten sie zahlreiche Herausforderungen meistern und knifflige Rätsel lösen. Felix nutzte seinen scharfen Verstand, um Hinweise zu finden, während Elvira ihnen mit ihrem Wissen und ihren klugen Ratschlägen half.

Nach vielen Abenteuern und gefährlichen Begegnungen fanden sie schließlich das Versteck der Affenbande in einer alten Ruine. Paul und seine Freunde schlichen sich hinein und konnten das goldene Rezeptbuch zurückerobern. Die Affen, die die Magie der Kekse nicht verstanden hatten, waren froh, das Buch loszuwerden.

Mit dem Buch sicher in ihren Pfoten kehrten Paul und seine Freunde zur Hütte zurück. Frau Krümel war überglücklich, das Buch wiederzuhaben, und sie begannen sofort, neue Kekse zu backen. Um ihre Rückkehr zu feiern, veranstalteten sie ein großes Keksfest, zu dem alle Tiere des Waldes eingeladen waren.

Es war das größte Fest, das der Wald je gesehen hatte. Es gab Keksberge, Kekswettbewerbe und sogar eine Kekstorte, die so groß war wie ein kleiner Hügel. Paul wurde als Held gefeiert, und seine Liebe zu Keksen war ungebrochen.

Mit dem goldenen Rezeptbuch und Frau Krümels Weisheit setzten Paul und seine Freunde ihre Keksabenteuer fort. Sie entwickelten immer neue und erstaunlichere Kekse, die den Wald verzauberten und Freude brachten. Paul wusste, dass er seine Leidenschaft gefunden hatte und dass er für immer glücklich sein würde, solange er Kekse backen und teilen konnte.

Und so lebten sie alle glücklich und zufrieden in ihrem magischen Kekswald, wo jeder Tag süßer und wundervoller war als der vorherige.

Panda Paul and the Secret Cookie Recipes

In a faraway land, where the bamboo forests were as dense as the sky, lived a special panda named Paul. Paul was no ordinary panda – while other pandas ate bamboo, Paul had a great passion for cookies. Whether chocolate chip cookies, oatmeal cookies, or crunchy butter cookies, Paul loved them all. Every day he searched for new kinds of cookies to try, and his friends affectionately called him "Cookie-Paul."

One day, as Paul was wandering through the forest looking for a new cookie adventure, he noticed a wonderful smell wafting through the air. It smelled like freshly baked cookies, sweet and enticing. Paul's nose twitched with excitement, and he followed the delicious aroma until he came upon an old, abandoned cabin hidden deep in the woods.

Paul peeked curiously through the dusty window of the cabin and saw a variety of baking tools and a large, golden book sitting on a table. His passion for cookies overcame his caution, and he pushed open the squeaky door. Inside, he found the book titled "The Secret Cookie Recipes." With trembling paws, Paul opened the book and saw recipes for the most amazing cookies he had ever seen – caramel cookies that melted in your mouth, cookies that crackled like little fireworks, and cookies that sparkled like stars.

Paul could hardly wait to try the recipes. He searched the cabin for the necessary ingredients and started baking right away. The room soon filled with the enticing aroma of freshly baked cookies. Paul tasted the first cookie, and his eyes lit up. "This is the best cookie I've ever eaten!" he exclaimed.

As Paul eagerly continued baking, the cabin door suddenly opened, and an old lady with a cheerful face and a flour-covered apron entered. "Who are you, and what are you doing in my cabin?" she asked in a warm voice.

Paul was surprised and a bit embarrassed. "I'm Paul, the panda. I smelled the aroma of your delicious cookies and couldn't resist. I'm sorry if I intruded."

The old lady smiled. "I am Mrs. Crumb, the baker of these wonderful cookies. I'm glad you like my cookies. Maybe you can help me perfect these recipes and create new ones."

Paul and Mrs. Crumb quickly became friends and started baking together. They experimented with different ingredients and developed new, fantastic cookie recipes. Each cookie had its own special magic – some made you invisible, others let you fly, and others could grant wishes.

News of the magical cookies spread quickly throughout the forest, and soon animals from near and far came to taste the wonderful cookies. It was a time full of joy and surprises, and Paul was overjoyed to share his passion for cookies with others.

One night, while everyone was asleep, a gang of cunning monkeys sneaked into the cabin and stole the golden recipe book. When Paul and Mrs. Crumb woke up the next morning, they were dismayed. Without the book, they couldn't bake any new magical cookies.

"We have to get the book back!" Paul said determinedly. Together with Mrs. Crumb and some friends, including a clever fox named Felix and a wise owl named Elvira, they set out to find the cookie thief gang.

The chase led them through dense forests, over high mountains, and across rushing rivers. Along the way, they had to overcome numerous challenges and solve tricky puzzles. Felix used his sharp mind to find clues, while Elvira helped them with her knowledge and wise advice.

After many adventures and dangerous encounters, they finally found the monkeys' hideout in an old ruin. Paul and his friends sneaked in and managed to recover the golden recipe book. The monkeys, who didn't understand the magic of the cookies, were glad to get rid of the book.

With the book safely in their paws, Paul and his friends returned to the cabin. Mrs. Crumb was overjoyed to have the book back, and they immediately started baking new cookies. To celebrate their return, they held a great cookie feast, inviting all the animals of the forest.

It was the biggest celebration the forest had ever seen. There were mountains of cookies, cookie competitions, and even a cookie cake as tall as a small hill. Paul was celebrated as a hero, and his love for cookies remained undiminished.

With the golden recipe book and Mrs. Crumb's wisdom, Paul and his friends continued their cookie adventures. They developed ever-new and more amazing cookies that enchanted the forest and brought joy. Paul knew he had found his passion and that he would always be happy as long as he could bake and share cookies.

And so they all lived happily and contentedly in their magical cookie forest, where each day was sweeter and more wonderful than the last.

Elefant Emil und das Wunder des Gesangs

Inmitten der weiten, staubigen Savanne Afrikas lebte ein junger Elefant namens Emil. Emil war kein gewöhnlicher Elefant. Während seine Freunde ihre Tage damit verbrachten, Gras zu fressen und im Schlamm zu spielen, träumte Emil von etwas ganz anderem: Er wollte singen.

Seit er ein kleines Elefantenkalb war, hatte Emil eine Liebe zur Musik entwickelt. Oft hörte er den Vögeln zu, wie sie ihre fröhlichen Melodien sangen, und wünschte sich, dass er auch solche Töne hervorbringen könnte. Aber wenn er es versuchte, klang es immer nur wie ein lautes Trompeten. Die anderen Elefanten lachten ihn aus, und bald begann Emil, seine Träume für sich zu behalten.

Emil verbrachte viele Stunden allein, übte im Geheimen und versuchte, seine Trompetenrufe in Melodien zu verwandeln. Er probierte es mit tiefen, sanften Tönen und hohen, fröhlichen Klängen, aber nichts schien zu funktionieren. Er fühlte sich traurig und hoffnungslos, als ob sein Traum nie in Erfüllung gehen könnte.

Eines Tages, als er in der Nähe eines Wasserlochs übte, hörte er eine sanfte Stimme, die ihm Mut zusprach. "Du hast eine wunderbare Stimme, Emil", sagte die Stimme. Emil drehte sich um und sah eine alte Schildkröte, die ihn freundlich ansah.

"Wer bist du?" fragte Emil überrascht.

"Ich bin Tilda, die weise Schildkröte", antwortete sie. "Ich habe viele Tiere singen gehört, und ich glaube, dass du eine einzigartige Gabe hast. Du musst nur lernen, sie richtig zu nutzen."

Mit neuer Hoffnung im Herzen folgte Emil Tilda durch die Savanne. Sie führte ihn zu einem versteckten Tal, das von hohen, blühenden Bäumen umgeben war und in dem die Luft von den süßesten Düften erfüllt war. "Hier leben die Meister des Gesangs", erklärte Tilda. "Sie werden dir beibringen, wie du deine Stimme finden kannst."

Im Tal traf Emil auf verschiedene Tiere, die alle auf ihre Weise singen konnten. Da war Lili, die Lerche, deren hohe Töne die Wolken zu berühren schienen, und Brumm, der Bär, dessen tiefe, resonante Stimme die Erde zum Beben brachte. Jedes Tier hatte eine einzigartige Stimme und einen eigenen Stil.

Emil begann seine Ausbildung bei den Meistern des Gesangs. Lili zeigte ihm, wie man die höchsten Töne erreicht, ohne zu schreien. Brumm lehrte ihn die Kunst der tiefen, kraftvollen Klänge. Und Tilda half ihm, seinen eigenen Stil zu finden, indem sie ihm beibrachte, wie er seine Trompetenrufe in melodische Töne verwandeln konnte.

Die Arbeit war hart, und es gab Tage, an denen Emil dachte, er würde es nie schaffen. Aber die Ermutigung seiner neuen Freunde hielt ihn aufrecht. Sie zeigten ihm, dass jeder seine eigenen Stärken und Schwächen hat und dass es in Ordnung ist, Fehler zu machen, solange man daraus lernt.

Nach vielen Monaten des Trainings war Emil bereit für seinen großen Auftritt. Tilda und die anderen Tiere organisierten ein Konzert in der Savanne, zu dem alle Tiere eingeladen waren. Es sollte der Tag sein, an dem Emil der Welt seine neue Stimme zeigen würde.

Am Tag des Konzerts war Emil sehr nervös. Er hatte Angst, dass er wieder ausgelacht werden würde. Aber als er auf die Bühne trat und die erwartungsvollen Gesichter seiner Freunde und Familie sah, fühlte er eine Welle der Zuversicht. Er schloss die Augen, atmete tief ein und begann zu singen.

Die Töne, die aus Emils Kehle kamen, waren anders als alles, was die Tiere je gehört hatten. Seine Stimme war tief und mächtig, aber auch weich und melodisch. Es war, als ob die Trompetenrufe eines Elefanten und die Melodien der Vögel zu einem harmonischen Ganzen verschmolzen wären. Die Tiere lauschten gebannt und konnten kaum glauben, dass dies derselbe Emil war, der früher so laut und ungeschickt klang.

Als Emil seinen letzten Ton sang, herrschte einen Moment lang absolute Stille. Dann brach ein donnernder Applaus aus. Die Tiere jubelten und klatschten, und Emil fühlte, wie sein Herz vor Freude überquoll. Er hatte es geschafft – er hatte seine Stimme gefunden und die Herzen der anderen Tiere berührt.

Nach dem Konzert kamen viele Tiere zu ihm und lobten seine Darbietung. "Du hast eine wunderbare Gabe", sagte eine alte Giraffe. "Ich habe noch nie etwas so Schönes gehört."

"Vielen Dank", antwortete Emil bescheiden. "Es war nicht leicht, aber mit der Hilfe meiner Freunde habe ich es geschafft."

Von diesem Tag an war Emil nicht mehr der einsame, träumende Elefant. Er wurde zu einem angesehenen Sänger in der Savanne und trat bei vielen Festen und Feiern auf. Seine Lieder brachten Freude und Hoffnung in das Leben der Tiere, und seine Geschichte inspirierte viele, ihre eigenen Träume zu verfolgen.

Emil wusste, dass er ohne die Hilfe seiner Freunde und Mentoren niemals seine Stimme gefunden hätte. Er blieb Tilda, Lili und Brumm für immer dankbar und half nun seinerseits anderen Tieren, ihre Talente zu entdecken und zu entwickeln.

Die Jahre vergingen, und Emil wurde älter. Aber seine Stimme blieb stark und schön. Er sang weiter und teilte seine Musik mit der nächsten Generation von Tieren. Eines Tages, als er mit Tilda am Wasserloch saß, fragte er sie: "Glaubst du, dass meine Musik noch lange nach mir in Erinnerung bleiben wird?"

"Musik ist zeitlos", antwortete Tilda weise. "Sie bleibt in den Herzen derer, die sie hören, und wird von Generation zu Generation weitergegeben. Deine Lieder werden immer ein Teil dieser Savanne sein."

Emil lächelte und sah in die Ferne. Er wusste, dass er etwas Wundervolles erreicht hatte, und dass seine Reise noch lange nicht zu Ende war.

Emil the Elephant and the Miracle of Singing

In the midst of the vast, dusty savanna of Africa lived a young elephant named Emil. Emil was no ordinary elephant. While his friends spent their days eating grass and playing in the mud, Emil dreamed of something entirely different: he wanted to sing.

Ever since he was a little elephant calf, Emil had developed a love for music. He often listened to the birds singing their cheerful melodies and wished he could produce such sounds. But whenever he tried, it always sounded like a loud trumpet. The other elephants laughed at him, and soon Emil began to keep his dreams to himself.

Emil spent many hours alone, practicing in secret and trying to turn his trumpet calls into melodies. He tried deep, gentle tones and high, cheerful sounds, but nothing seemed to work. He felt sad and hopeless, as if his dream would never come true.

One day, as he was practicing near a waterhole, he heard a gentle voice encouraging him. "You have a wonderful voice, Emil," said the voice. Emil turned around and saw an old turtle looking at him kindly.

"Who are you?" Emil asked, surprised.

"I am Tilda, the wise turtle," she replied. "I have heard many animals sing, and I believe you have a unique gift. You just need to learn how to use it properly."

With new hope in his heart, Emil followed Tilda through the savanna. She led him to a hidden valley surrounded by tall, blooming trees, and the air was filled with the sweetest scents. "Here live the masters of singing," Tilda explained. "They will teach you how to find your voice."

In the valley, Emil met various animals who could all sing in their own way. There was Lili the lark, whose high notes seemed to touch the clouds, and Brumm the bear, whose deep, resonant voice made the ground shake. Each animal had a unique voice and style.

Emil began his training with the masters of singing. Lili showed him how to reach the highest notes without shouting. Brumm taught him the art of deep, powerful sounds. And Tilda helped him find his own style by teaching him how to turn his trumpet calls into melodic tones.

The work was hard, and there were days when Emil thought he would never make it. But the encouragement of his new friends kept him going. They showed him that everyone has their own strengths and weaknesses and that it's okay to make mistakes as long as you learn from them.

After many months of training, Emil was ready for his big performance. Tilda and the other animals organized a concert in the savanna, inviting all the animals. It would be the day Emil would show the world his new voice.

On the day of the concert, Emil was very nervous. He was afraid he would be laughed at again. But as he stepped onto the stage and saw the expectant faces of his friends and family, he felt a wave of confidence. He closed his eyes, took a deep breath, and began to sing.

The sounds that came from Emil's throat were unlike anything the animals had ever heard. His voice was deep and powerful, yet soft and melodic. It was as if the trumpet calls of an elephant and the melodies of birds had merged into a harmonious whole. The animals listened spellbound, hardly believing this was the same Emil who had once sounded so loud and clumsy.

When Emil sang his last note, there was a moment of absolute silence. Then a thunderous applause broke out. The animals cheered and clapped, and Emil felt his heart swell with joy. He had done it – he had found his voice and touched the hearts of the other animals.

After the concert, many animals came to him and praised his performance. "You have a wonderful gift," said an old giraffe. "I have never heard anything so beautiful."

"Thank you," Emil replied modestly. "It wasn't easy, but with the help of my friends, I made it."

From that day on, Emil was no longer the lonely, dreaming elephant. He became a respected singer in the savanna, performing at many festivals and celebrations. His songs brought joy and hope to the lives of the animals, and his story inspired many to pursue their own dreams.

Emil knew he would never have found his voice without the help of his friends and mentors. He remained forever grateful to Tilda, Lili, and Brumm and now helped other animals discover and develop their talents.

Years passed, and Emil grew older. But his voice remained strong and beautiful. He continued to sing and share his music with the next generation of animals. One day, as he sat with Tilda by the waterhole, he asked her, "Do you think my music will be remembered long after I'm gone?"

"Music is timeless," Tilda replied wisely. "It stays in the hearts of those who hear it and is passed down from generation to generation. Your songs will always be a part of this savanna."

Emil smiled and looked into the distance. He knew he had achieved something wonderful and that his journey was far from over.

Ava und das Verzauberte Spielzeug

In einer kleinen Stadt, die von dichten Wäldern und sanften Hügeln umgeben war, lebte ein Mädchen namens Ava. Ava war ein besonderes Kind mit einer lebhaften Fantasie und einem Herzen voller Neugier. Während andere Kinder ihre Tage mit Spielen und Herumtollen verbrachten, liebte es Ava, in die Welt der Bücher und Geschichten einzutauchen.

Eines Tages, als Ava durch die alten Straßen ihrer Stadt schlenderte, entdeckte sie einen kleinen, verstaubten Spielzeugladen, der aussah, als wäre er aus einem Märchen entsprungen. Über der Tür hing ein Schild mit der Aufschrift "Wundersames Spielzeug". Ava spürte, dass in diesem Laden etwas Magisches verborgen war, und trat neugierig ein.

Der Laden war voller seltsamer und wunderbarer Spielzeuge. Es gab Zinnsoldaten, die marschieren konnten, Puppen, die sich wie echte Kinder bewegten, und eine Eisenbahn, die durch die Luft fuhr. Ava konnte ihren Augen kaum trauen. Hinter dem Tresen stand ein alter Mann mit einem verschmitzten Lächeln. "Willkommen, meine Liebe. Ich bin Herr Wunderlich, der Besitzer dieses magischen Ladens. Wie kann ich dir helfen?"

Ava war von der Fülle der Spielzeuge überwältigt und brachte kaum ein Wort heraus. Schließlich sagte sie: "Ich suche nach etwas Besonderem, etwas, das meine Fantasie beflügelt."

Herr Wunderlichs Augen funkelten. "Ich glaube, ich habe genau das Richtige für dich." Er führte Ava zu einer Ecke des Ladens, wo ein altes, hölzernes Puppenhaus stand. "Dieses Puppenhaus ist nicht wie die anderen. Es hat eine ganz besondere Magie. Wenn du es mit deinem Herzen und deiner Fantasie betrachtest, wirst du erleben, was es wirklich kann."

Ava nahm das Puppenhaus mit nach Hause und stellte es in ihrem Zimmer auf. Es sah aus wie ein gewöhnliches Puppenhaus, aber etwas daran fühlte sich anders an. Als die Nacht hereinbrach und der Mond durch ihr Fenster schien, begann das Puppenhaus zu leuchten. Ava konnte ihren Augen kaum trauen. Plötzlich hörte sie eine leise Stimme: "Hallo, Ava."

Ava schaute sich um, aber da war niemand. "Wer ist da?" fragte sie zögernd.

"Ich bin Lila, die Bewohnerin dieses Puppenhauses. Komm näher und sieh, was ich dir zeigen kann."

Ava näherte sich dem Puppenhaus und spähte durch die kleinen Fenster. Zu ihrem Erstaunen sah sie eine winzige Welt darin, bewohnt von kleinen, lebendigen Figuren, die sich wie echte Menschen bewegten. "Das ist unglaublich!" rief Ava aus.

Lila lächelte. "Dies ist erst der Anfang. Komm, betritt unser Reich und erlebe das Abenteuer deines Lebens."

Ava zögerte einen Moment, aber ihre Neugier war stärker. Sie schloss die Augen, stellte sich vor, wie sie in das Puppenhaus eintauchte, und als sie die Augen wieder öffnete, befand sie sich in einer winzigen, aber lebendigen Welt. Die kleinen Figuren begrüßten sie herzlich und führten sie durch ihre wunderbare Welt voller magischer Orte und Kreaturen.

Sie besuchten ein Schloss aus Zucker, wo alles süß und essbar war, und einen Garten, in dem Blumen zu Liedern tanzten. Ava konnte ihr Glück kaum fassen. Die Tage vergingen wie im Flug, und sie erlebte immer wieder neue Abenteuer. Sie half den kleinen Bewohnern bei ihren täglichen Aufgaben und entdeckte dabei immer mehr über ihre magische Welt.

Eines Nachts, als Ava friedlich schlief, wurde sie von einem seltsamen Geräusch geweckt. Lila trat an ihr Bett und flüsterte: "Ava, wir brauchen deine Hilfe. Eine dunkle Bedrohung naht und wir wissen nicht, wie wir sie aufhalten können."

Ava war sofort wach. "Was für eine Bedrohung?"

"Ein böser Zauberer namens Mortimer plant, unsere Welt zu zerstören und die Magie für sich allein zu beanspruchen. Er ist mächtig, aber wir glauben, dass du uns helfen kannst, ihn zu besiegen."

Ava fühlte sich ein wenig überwältigt, aber sie wusste, dass sie helfen musste. "Was kann ich tun?"

Lila erklärte: "Es gibt ein uraltes Artefakt, das den Zauberer aufhalten kann. Es ist ein Amulett, das tief im verzauberten Wald versteckt ist. Nur jemand mit einem reinen Herzen kann es finden und nutzen. Wir glauben, dass du diese Person bist."

Ava machte sich sofort auf den Weg, begleitet von Lila und einigen mutigen Bewohnern des Puppenhauses. Der Weg durch den verzauberten Wald war voller Gefahren und Rätsel. Sie begegneten sprechenden Bäumen, die ihnen den Weg wiesen, und mussten eine Brücke aus Nebel überqueren, die nur sichtbar wurde, wenn sie gemeinsam ein Lied sangen.

Nach vielen Abenteuern und Prüfungen erreichten sie schließlich die Höhle, in der das Amulett verborgen war. Es wurde von einem riesigen, schlafenden Drachen bewacht. Ava wusste, dass sie vorsichtig sein musste. Mit leisen Schritten näherte sie sich dem Amulett und griff danach. In dem Moment, als sie es berührte, erwachte der Drache und brüllte bedrohlich.

Ava hielt das Amulett fest und sprach mit fester Stimme: "Wir wollen dir nichts Böses, mächtiger Drache. Wir brauchen dieses Amulett, um unsere Welt vor dem bösen Zauberer zu schützen." Der Drache schaute sie lange an und sagte schließlich: "Ich spüre die Wahrheit in deinen Worten und die Reinheit deines Herzens. Ich werde euch helfen."

Mit dem Amulett in der Hand und dem Drachen an ihrer Seite kehrten Ava und ihre Freunde zurück, um sich Mortimer zu stellen. Der böse Zauberer lachte, als er sie sah. "Ihr glaubt, ihr könnt mich mit einem kleinen Mädchen und einem Amulett besiegen?"

Ava trat mutig vor und hielt das Amulett hoch. "Du wirst unsere Welt nicht zerstören, Mortimer. Die Macht der Freundschaft und des reinen Herzens wird immer stärker sein als deine dunkle Magie."

Ein heftiger Kampf entbrannte. Mortimer schleuderte dunkle Zauber, aber das Amulett schützte Ava und ihre Freunde. Mit Hilfe des Drachen gelang es ihnen, Mortimer zu schwächen.

Schließlich sammelte Ava all ihren Mut und ihre Kraft und richtete das Amulett auf den Zauberer. Ein helles Licht erstrahlte und hüllte Mortimer ein. Mit einem letzten, verzweifelten Schrei verschwand er in einem Funkenregen.

Die Bewohner der magischen Welt jubelten und feierten ihren Sieg. Ava wurde als Heldin gefeiert, und Lila umarmte sie herzlich. "Dank dir sind wir gerettet, Ava. Du hast uns gezeigt, dass wahre Stärke aus dem Herzen kommt."

Nach dem großen Fest wusste Ava, dass es Zeit war, in ihre eigene Welt zurückzukehren. Sie verabschiedete sich von ihren neuen Freunden, die sie wie eine Familie geworden waren. "Vergiss uns nicht, Ava", sagte Lila mit Tränen in den Augen. "Unsere Welt wird immer ein Teil von dir sein, und du bist immer willkommen, zurückzukommen."

Ava versprach, dass sie sie nie vergessen würde, und mit einem letzten Blick auf die magische Welt trat sie aus dem Puppenhaus heraus. Sie fand sich in ihrem eigenen Zimmer wieder, aber etwas in ihr hatte sich für immer verändert.

Ava and the Enchanted Toy

In a small town surrounded by dense forests and gentle hills, lived a girl named Ava. Ava was a special child with a vivid imagination and a heart full of curiosity. While other children spent their days playing and frolicking, Ava loved diving into the world of books and stories.

One day, as Ava strolled through the old streets of her town, she discovered a small, dusty toy store that looked like it was straight out of a fairy tale. Above the door hung a sign that read "Marvelous Toys." Ava sensed something magical was hidden in this shop and curiously stepped inside.

The store was full of strange and wonderful toys. There were tin soldiers that could march, dolls that moved like real children, and a train that flew through the air. Ava could hardly believe her eyes. Behind the counter stood an old man with a mischievous smile. "Welcome, my dear. I am Mr. Wonder, the owner of this magical store. How can I help you?"

Ava was overwhelmed by the abundance of toys and could barely speak. Finally, she said, "I'm looking for something special, something to spark my imagination."

Mr. Wonder's eyes twinkled. "I believe I have just the thing for you." He led Ava to a corner of the store where an old wooden dollhouse stood. "This dollhouse is not like the others. It has a very special magic. If you look at it with your heart and imagination, you will experience what it truly can do."

Ava took the dollhouse home and placed it in her room. It looked like an ordinary dollhouse, but something about it felt different. As night fell and the moon shone through her window, the dollhouse began to glow. Ava could hardly believe her eyes. Suddenly, she heard a soft voice, "Hello, Ava."

Ava looked around, but there was no one there. "Who's there?" she asked hesitantly.

"I am Lila, the resident of this dollhouse. Come closer and see what I can show you."

Ava approached the dollhouse and peered through the tiny windows. To her amazement, she saw a tiny world inside, inhabited by small, lively figures moving like real people. "This is incredible!" Ava exclaimed.

Lila smiled. "This is just the beginning. Come, enter our realm and experience the adventure of your life."

Ava hesitated for a moment, but her curiosity was stronger. She closed her eyes, imagined herself diving into the dollhouse, and when she opened her eyes again, she found herself in a tiny yet lively world. The small figures welcomed her warmly and guided her through their wonderful world full of magical places and creatures.

They visited a castle made of sugar, where everything was sweet and edible, and a garden where flowers danced to songs. Ava could hardly believe her luck. The days flew by as she experienced one adventure after another. She helped the small residents with their daily tasks, discovering more about their magical world along the way.

One night, as Ava slept peacefully, she was awakened by a strange noise. Lila approached her bed and whispered, "Ava, we need your help. A dark threat is approaching, and we don't know how to stop it."

Ava was immediately awake. "What kind of threat?"

"A wicked wizard named Mortimer plans to destroy our world and claim the magic for himself. He is powerful, but we believe you can help us defeat him."

Ava felt a little overwhelmed but knew she had to help. "What can I do?"

Lila explained, "There is an ancient artifact that can stop the wizard. It's an amulet hidden deep in the enchanted forest. Only someone with a pure heart can find and use it. We believe you are that person."

Ava set off immediately, accompanied by Lila and some brave residents of the dollhouse. The path through the enchanted forest was full of dangers and riddles. They encountered talking trees that guided them and had to cross a bridge made of mist that only became visible when they sang a song together.

After many adventures and trials, they finally reached the cave where the amulet was hidden. It was guarded by a huge, sleeping dragon. Ava knew she had to be careful. She approached the amulet with quiet steps and reached for it. The moment she touched it, the dragon awoke and roared menacingly.

Ava held the amulet tightly and spoke firmly, "We mean you no harm, mighty dragon. We need this amulet to protect our world from the wicked wizard." The dragon looked at her for a long time and finally said, "I sense the truth in your words and the purity of your heart. I will help you."

With the amulet in hand and the dragon by their side, Ava and her friends returned to confront Mortimer. The wicked wizard laughed when he saw them. "You think you can defeat me with a little girl and an amulet?"

Ava stepped forward bravely and held up the amulet. "You will not destroy our world, Mortimer. The power of friendship and a pure heart will always be stronger than your dark magic."

A fierce battle ensued. Mortimer cast dark spells, but the amulet protected Ava and her friends. With the dragon's help, they managed to weaken Mortimer. Finally, Ava gathered all her courage and strength and directed the amulet at the wizard. A bright light shone, enveloping Mortimer. With one last, desperate scream, he disappeared in a shower of sparks.

The residents of the magical world cheered and celebrated their victory. Ava was hailed as a heroine, and Lila hugged her tightly. "Thanks to you, we are saved, Ava. You have shown us that true strength comes from the heart."

After the great celebration, Ava knew it was time to return to her own world. She said goodbye to her new friends, who had become like family. "Don't forget us, Ava," said Lila with tears in her eyes. "Our world will always be a part of you, and you are always welcome to return."

Ava promised she would never forget them, and with one last look at the magical world, she stepped out of the dollhouse. She found herself back in her own room, but something inside her had changed forever.

Das Einhorn und der Zauberwald

Es war einmal in einem fernen Land, versteckt hinter hohen Bergen und tiefen Wäldern, ein magisches Reich namens Eldoria. In diesem Land lebte ein kleines Einhorn namens Luna. Luna war nicht wie die anderen Einhörner. Während die anderen Einhörner stolze, majestätische Kreaturen waren, war Luna klein und etwas tollpatschig. Ihr weißes Fell schimmerte im Mondlicht, und ihr Horn funkelte wie ein Diamant.

Luna liebte es, durch die Wiesen zu galoppieren und den Duft der Blumen zu genießen. Doch sie hatte einen großen Traum: Sie wollte einmal den geheimnisvollen Zauberwald besuchen, von dem alle Geschichten erzählten. Es hieß, dass dieser Wald voller Wunder und Geheimnisse sei und dass dort eine alte Magie verborgen liege.

Eines Tages, als Luna auf einer Blumenwiese ruhte, hörte sie ein leises Flüstern im Wind. "Luna, komm in den Zauberwald", sagte eine geheimnisvolle Stimme. "Dort wartet dein Schicksal auf dich."

Luna fühlte sich von der Stimme magisch angezogen. Ohne lange zu überlegen, machte sie sich auf den Weg. Der Weg zum Zauberwald war lang und voller Hindernisse. Sie musste über reißende Flüsse springen, dichte Dornenbüsche durchqueren und steile Berge erklimmen. Doch Luna gab nicht auf. Ihr Herz war voller Mut und Entschlossenheit.

Als Luna endlich den Rand des Zauberwaldes erreichte, staunte sie nicht schlecht. Der Wald war voller leuchtender Blumen, die im Dunkeln schimmerten, und Bäume, deren Blätter wie goldene Münzen glänzten. Überall hörte sie das fröhliche Zwitschern der Vögel und das Lachen der Waldbewohner.

Luna begegnete vielen seltsamen und wunderbaren Kreaturen: einem sprechenden Eulenpaar namens Eldo und Mira, die ihr von den alten Legenden des Waldes erzählten, und einem freundlichen Kobold namens Rufus, der ihr half, den richtigen Weg zu finden. Sie freundete sich auch mit einem schelmischen Fuchs namens Finley an, der ihr immer wieder Streiche spielte, aber ihr letztlich auch oft zur Seite stand.

Nach vielen Abenteuern und neuen Freundschaften stand Luna schließlich vor einer großen Herausforderung. Sie musste den alten Drachen Alaric finden, der tief im Herzen des Zauberwaldes lebte. Es hieß, dass Alaric über die mächtigste Magie des Waldes wachte und nur diejenigen, die mutig und rein im Herzen waren, zu ihm gelangen konnten.

Luna fühlte sich ein wenig ängstlich, aber ihre neuen Freunde ermutigten sie. "Du schaffst das, Luna", sagte Eldo. "Du bist mutig und hast ein reines Herz."

"Und wir werden dir helfen", fügte Finley hinzu und blinzelte schelmisch.

Mit klopfendem Herzen betrat Luna die Höhle des Drachen. Es war dunkel und kühl, und sie konnte das leise Atmen des Drachen hören. "Wer wagt es, meine Ruhe zu stören?" donnerte eine tiefe Stimme.

Luna trat vor und verbeugte sich. "Ich bin Luna, das Einhorn. Ich habe den weiten Weg auf mich genommen, um dich zu finden und die Magie des Waldes zu verstehen."

Alaric musterte Luna lange Zeit, dann lächelte er. "Du bist wirklich mutig, kleines Einhorn. Die Magie des Waldes ist in dir. Du musst lernen, sie zu nutzen und zu bewahren."

Alaric unterzog Luna einer Reihe von Prüfungen, um ihre Stärke und ihren Mut zu testen. Sie musste durch einen Fluss aus Feuer schwimmen, eine Brücke aus Nebel überqueren und das Lied der Sterne singen, um den Pfad zu erleuchten. Mit jedem Schritt fühlte Luna, wie die Magie in ihr stärker wurde.

Die letzte Prüfung war die schwierigste: Luna musste sich ihren größten Ängsten stellen. Sie musste in einen Spiegel blicken, der ihre tiefsten Unsicherheiten zeigte. Doch als sie in den Spiegel schaute, erkannte sie nicht nur ihre Schwächen, sondern auch ihre Stärken. Sie verstand, dass wahre Magie aus Selbstvertrauen und Mut entstand.

Nachdem Luna alle Prüfungen bestanden hatte, führte Alaric sie zu einer Quelle, die im Herzen des Waldes lag. "Dies ist die Quelle der alten Magie", erklärte Alaric. "Trinke daraus, und die wahre Kraft des Waldes wird in dir erwachen."

Luna trank vorsichtig von der Quelle. Ein warmes Gefühl durchströmte ihren Körper, und sie fühlte, wie eine mächtige Energie in ihr erwachte. Ihr Horn leuchtete heller als je zuvor, und sie wusste, dass sie nun die Hüterin der Magie des Waldes war.

Mit neuer Kraft und Wissen kehrte Luna nach Eldoria zurück. Die anderen Einhörner staunten über ihre Verwandlung. Sie erzählte ihnen von ihren Abenteuern und den Prüfungen, die sie bestanden hatte. Die Einhörner waren stolz auf Luna und erkannten, dass sie zu einer wahren Heldin geworden war.

Von nun an lebte Luna glücklich und zufrieden in Eldoria, immer bereit, ihre magischen Fähigkeiten einzusetzen, um denen zu helfen, die in Not waren. Sie wusste, dass wahre Magie nicht nur in großen Taten lag, sondern auch in kleinen, freundlichen Gesten und im Mut, man selbst zu sein.

The Unicorn and the Enchanted Forest

Once upon a time in a distant land, hidden behind high mountains and deep forests, there was a magical realm called Eldoria. In this land lived a little unicorn named Luna. Luna was not like the other unicorns. While the other unicorns were proud, majestic creatures, Luna was small and a bit clumsy. Her white coat shimmered in the moonlight, and her horn sparkled like a diamond.

Luna loved to gallop through the meadows and enjoy the scent of the flowers. But she had a big dream: she wanted to visit the mysterious Enchanted Forest that all the stories talked about. It was said that this forest was full of wonders and secrets and that ancient magic lay hidden there.

One day, as Luna was resting in a field of flowers, she heard a soft whisper in the wind. "Luna, come to the Enchanted Forest," said a mysterious voice. "Your destiny awaits you there."

Luna felt magically drawn to the voice. Without thinking twice, she set off. The path to the Enchanted Forest was long and full of obstacles. She had to jump over rushing rivers, traverse dense thorn bushes, and climb steep mountains. But Luna did not give up. Her heart was full of courage and determination.

When Luna finally reached the edge of the Enchanted Forest, she was amazed. The forest was full of glowing flowers that shimmered in the dark, and trees whose leaves shone like golden coins. Everywhere she heard the cheerful chirping of birds and the laughter of the forest dwellers.

Luna met many strange and wonderful creatures: a pair of talking owls named Eldo and Mira, who told her about the old legends of the forest, and a friendly goblin named Rufus, who helped her find the right path. She also befriended a mischievous fox named Finley, who often played tricks on her but ultimately stood by her side.

After many adventures and new friendships, Luna finally faced a great challenge. She had to find the old dragon Alaric, who lived deep in the heart of the Enchanted Forest. It was said that Alaric guarded the most powerful magic of the forest and that only those who were brave and pure of heart could reach him.

Luna felt a bit scared, but her new friends encouraged her. "You can do it, Luna," said Eldo. "You are brave and have a pure heart."

"And we will help you," added Finley with a mischievous wink.

With a pounding heart, Luna entered the dragon's cave. It was dark and cool, and she could hear the dragon's soft breathing. "Who dares to disturb my rest?" thundered a deep voice.

Luna stepped forward and bowed. "I am Luna, the unicorn. I have traveled far to find you and understand the magic of the forest."

Alaric looked at Luna for a long time, then smiled. "You are truly brave, little unicorn. The magic of the forest is within you. You must learn to use and protect it."

Alaric subjected Luna to a series of trials to test her strength and courage. She had to swim through a river of fire, cross a bridge of mist that only became visible when they sang a song together, and sing the song of the stars to light the path. With each step, Luna felt the magic within her growing stronger.

The final trial was the hardest: Luna had to face her greatest fears. She had to look into a mirror that showed her deepest insecurities. But as she looked into the mirror, she not only saw her weaknesses but also her strengths. She understood that true magic came from confidence and courage.

After Luna had passed all the trials, Alaric led her to a spring in the heart of the forest. "This is the source of the ancient magic," explained Alaric. "Drink from it, and the true power of the forest will awaken within you."

Luna carefully drank from the spring. A warm feeling flowed through her body, and she felt a powerful energy awakening within her. Her horn shone brighter than ever before, and she knew that she was now the guardian of the forest's magic.

With new strength and knowledge, Luna returned to Eldoria. The other unicorns were amazed at her transformation. She told them about her adventures and the trials she had passed. The unicorns were proud of Luna and recognized that she had become a true heroine.

From then on, Luna lived happily and contentedly in Eldoria, always ready to use her magical abilities to help those in need. She knew that true magic lay not only in great deeds but also in small, kind gestures and the courage to be oneself.

Melina und das Geheimnis der Unterwasserwelt

In den tiefen, blauen Ozeanen lebte eine kleine Meerjungfrau namens Melina. Melina war anders als die anderen Meerjungfrauen. Während die anderen sich oft in ihren prachtvollen Muschelschlössern aufhielten und ihre schönen Stimmen zum Singen benutzten, war Melina neugierig und abenteuerlustig. Sie liebte es, die Korallenriffe zu erkunden und mit den Fischen zu spielen.

Melina hatte leuchtend türkisfarbenes Haar und eine Schwanzflosse, die in allen Farben des Regenbogens schimmerte. Ihre Augen waren so blau wie das tiefste Meer und funkelten immer vor Aufregung. Ihr größter Traum war es, die geheimnisvollen Teile der Unterwasserwelt zu entdecken, von denen sie in den Geschichten gehört hatte.

Eines Tages hörte Melina von einer verbotenen Lagune, die tief im Herzen des Ozeans lag. Es hieß, dass dort unglaubliche Geheimnisse verborgen seien und dass nur die Mutigsten es wagen könnten, sie zu betreten. Melinas Herz klopfte vor Aufregung. "Ich muss diese Lagune finden", dachte sie bei sich.

Ihre Freunde, die kleinen Clownfische und die sanften Seepferdchen, versuchten, sie zu warnen. "Melina, die Lagune ist gefährlich", sagte ihre beste Freundin, die Clownfischdame Clara. "Niemand weiß, was dort wirklich lauert."

Aber Melina ließ sich nicht abhalten. "Ich bin neugierig und abenteuerlustig", sagte sie entschlossen. "Ich werde vorsichtig sein und die Geheimnisse der Lagune entdecken."

Melina machte sich auf den Weg. Sie schwamm durch dichte Tangwälder und an schillernden Korallen vorbei. Unterwegs begegnete sie vielen verschiedenen Meeresbewohnern, die ihr halfen, den Weg zu finden. Ein weiser alter Schildkrötenmann namens Tortu erzählte ihr von den Strömungen und Gezeiten, die sie beachten musste.

"Sei vorsichtig, kleines Fräulein", sagte Tortu mit seiner tiefen, brummenden Stimme. "Die Lagune ist ein Ort der Wunder, aber auch der Gefahren. Folge immer deinem Herzen und deiner Intuition."

Nach einer langen und abenteuerlichen Reise erreichte Melina schließlich das Tor zur verbotenen Lagune. Es war ein gigantischer Felsen, der den Eingang verbarg. Melina konnte spüren, dass dies ein besonderer Ort war. Sie suchte nach einem Weg hinein und entdeckte schließlich eine schmale Öffnung.

Mit einem tiefen Atemzug schwamm sie durch die Öffnung und fand sich in einer atemberaubenden Lagune wieder. Das Wasser war kristallklar, und am Grund funkelten unzählige Edelsteine. Überall wuchsen prächtige Korallen in den schönsten Farben, und bunte Fische tanzten im Licht der Sonne, die durch das Wasser schien.

Melina staunte über die Schönheit der Lagune, aber sie wusste, dass sie hier war, um das Geheimnis zu entdecken. Sie schwamm tiefer und entdeckte eine alte, mit Algen bedeckte Schatztruhe.

"Was könnte darin sein?" fragte sie sich und öffnete vorsichtig die Truhe.

Zu ihrer Überraschung fand sie ein altes, verzaubertes Buch. Als sie es öffnete, begannen die Seiten zu leuchten und eine melodische Stimme sprach zu ihr. "Melina, du hast den Weg zur verbotenen Lagune gefunden. In diesem Buch liegen die Geheimnisse der Unterwasserwelt und die Macht, die Meere zu schützen."

Melina wusste, dass sie eine große Verantwortung trug. Sie nahm das Buch und versprach, das Wissen weise zu nutzen.

Plötzlich verdunkelte sich das Wasser um sie herum, und ein dunkler Schatten tauchte auf. Ein riesiger Kraken namens Koros erhob sich aus der Tiefe. "Wer wagt es, meine Lagune zu betreten?" donnerte er.

Melina war zuerst erschrocken, aber dann erinnerte sie sich an die Worte von Tortu. "Ich bin Melina, und ich suche die Geheimnisse der Unterwasserwelt, um sie zu schützen."

Koros musterte sie mit seinen tiefen, durchdringenden Augen. "Viele haben versucht, die Lagune zu betreten und sind gescheitert. Aber du scheinst anders zu sein. Zeige mir dein Herz und deine Entschlossenheit."

Koros stellte Melina vor eine Reihe von Prüfungen. Sie musste ihre Geschicklichkeit in einem Tanz mit den Wellen beweisen, ihre Weisheit in einem Rätselwettstreit mit einem alten, weisen Aal und ihre Tapferkeit im Angesicht eines Sturms, der die Lagune heimsuchte.

Melina meisterte jede Prüfung mit Bravour. Ihre Entschlossenheit und ihr reines Herz überzeugten den Kraken. "Du bist wahrlich würdig, die Geheimnisse der Lagune zu tragen", sagte Koros. "Doch denke daran, dass mit großer Macht auch große Verantwortung einhergeht."

Mit dem verzauberten Buch in der Hand machte sich Melina auf den Rückweg. Sie verabschiedete sich von Koros und versprach, die Lagune zu schützen. Der Weg zurück war nicht weniger abenteuerlich, aber Melina fühlte sich nun stärker und selbstbewusster.

Als sie endlich nach Hause zurückkehrte, erzählte sie ihren Freunden von ihren Erlebnissen und zeigte ihnen das Buch. Die anderen Meerjungfrauen und Meeresbewohner waren beeindruckt von Melinas Mut und Abenteuergeist.

Melina begann, das Wissen aus dem Buch zu teilen und ihre Freunde zu lehren, wie sie die Meere schützen und pflegen konnten. Sie organisierten gemeinsame Reinigungsaktionen und halfen den Korallen, sich zu erholen. Durch ihre Anstrengungen blühte die Unterwasserwelt von Eldoria mehr denn je.

Melina wurde als Heldin gefeiert, aber sie blieb bescheiden. "Das wahre Geheimnis ist, dass jeder von uns die Macht hat, etwas zu bewirken", sagte sie. "Wir müssen nur den Mut haben, es zu versuchen."

Zu Ehren von Melinas Mut und ihrer Entdeckungen wurde ein großes Fest organisiert. Alle Meeresbewohner kamen zusammen, um zu feiern und Melina zu danken. Es gab Musik,

Tanz und eine wunderschöne Parade von leuchtenden Fischen und schillernden Quallen.

Melina fühlte sich überglücklich und stolz auf das, was sie erreicht hatte. Sie wusste, dass dies erst der Anfang ihrer Abenteuer war und dass noch viele Geheimnisse darauf warteten, entdeckt zu werden.

Melina and the Secret of the Underwater World

In the deep, blue oceans lived a little mermaid named Melina. Melina was different from the other mermaids. While the others often stayed in their magnificent shell castles and used their beautiful voices to sing, Melina was curious and adventurous. She loved to explore the coral reefs and play with the fish.

Melina had bright turquoise hair and a tail fin that shimmered in all the colors of the rainbow. Her eyes were as blue as the deepest sea and always sparkled with excitement. Her biggest dream was to discover the mysterious parts of the underwater world she had heard about in the stories.

One day, Melina heard about a forbidden lagoon deep in the heart of the ocean. It was said that incredible secrets were hidden there and that only the bravest dared to enter. Melina's heart beat with excitement. "I must find this lagoon," she thought.

Her friends, the little clownfish and the gentle seahorses, tried to warn her. "Melina, the lagoon is dangerous," said her best friend, the clownfish Clara. "No one knows what really lurks there."

But Melina was undeterred. "I am curious and adventurous," she said determinedly. "I will be careful and discover the secrets of the lagoon."

Melina set off. She swam through dense kelp forests and past shimmering corals. Along the way, she encountered many different sea creatures who helped her find the way. A wise old turtle named Tortu told her about the currents and tides she had to watch out for.

"Be careful, little lady," said Tortu in his deep, grumbling voice. "The lagoon is a place of wonders but also dangers. Always follow your heart and intuition."

After a long and adventurous journey, Melina finally reached the gate to the forbidden lagoon. It was a gigantic rock that hid the entrance. Melina could feel that this was a special place. She searched for a way in and eventually discovered a narrow opening.

Taking a deep breath, she swam through the opening and found herself in a breathtaking lagoon. The water was crystal clear, and countless gemstones sparkled on the bottom. Everywhere, magnificent corals grew in the most beautiful colors, and colorful fish danced in the light of the sun shining through the water.

Melina marveled at the beauty of the lagoon, but she knew she was there to discover the secret. She swam deeper and found an old, algae-covered chest. "What could be inside?" she wondered and carefully opened the chest.

To her surprise, she found an old, enchanted book. As she opened it, the pages began to glow, and a melodic voice spoke to her. "Melina, you have found the way to the forbidden lagoon.

In this book lies the knowledge of the underwater world and the power to protect the seas."

Melina knew she had a great responsibility. She took the book and promised to use the knowledge wisely.

Suddenly, the water around her darkened, and a dark shadow appeared. A giant kraken named Koros rose from the depths. "Who dares to enter my lagoon?" he thundered.

Melina was initially frightened, but then she remembered Tortu's words. "I am Melina, and I seek the secrets of the underwater world to protect them."

Koros scrutinized her with his deep, piercing eyes. "Many have tried to enter the lagoon and failed. But you seem different. Show me your heart and determination."

Koros put Melina through a series of trials. She had to prove her agility in a dance with the waves, her wisdom in a riddle contest with an old, wise eel, and her bravery in the face of a storm that hit the lagoon.

Melina mastered each trial with flying colors. Her determination and pure heart convinced the kraken. "You are truly worthy of carrying the secrets of the lagoon," said Koros. "But remember, with great power comes great responsibility."

With the enchanted book in hand, Melina began her journey back. She bade farewell to Koros and promised to protect the lagoon. The way back was no less adventurous, but Melina now felt stronger and more confident.

When she finally returned home, she told her friends about her experiences and showed them the book. The other mermaids and sea creatures were impressed by Melina's courage and adventurous spirit.

Melina began to share the knowledge from the book and teach her friends how to protect and care for the seas. They organized joint cleaning actions and helped the corals recover. Through their efforts, the underwater world of Eldoria flourished more than ever.

Melina was celebrated as a heroine, but she remained humble. "The true secret is that each of us has the power to make a difference," she said. "We just need the courage to try."

In honor of Melina's bravery and discoveries, a grand festival was organized. All the sea creatures came together to celebrate and thank Melina. There was music, dance, and a beautiful parade of glowing fish and shimmering jellyfish.

Melina felt overjoyed and proud of what she had achieved. She knew that this was just the beginning of her adventures and that many more secrets awaited discovery.

Hugo das Nilpferd und der geheime Garten

Im Herzen Afrikas, wo die Sonne golden auf die Savanne scheint und die Tiere frei umherstreifen, lebte ein besonders freundliches Nilpferd namens Hugo. Hugo war nicht wie die anderen Nilpferde. Er war neugierig und abenteuerlustig, immer bereit, neue Orte zu erkunden und Freunde zu finden.

Mit seinem breiten Lächeln und den großen, freundlichen Augen gewann Hugo schnell die Herzen aller Tiere im Fluss. Er hatte eine besondere Gabe: Er konnte Geschichten erzählen, die alle verzauberten und zum Träumen brachten.

Eines sonnigen Morgens, als Hugo gerade in seinem Lieblingssee plantschte, entdeckte er etwas Ungewöhnliches. Eine kleine Flaschenpost trieb auf dem Wasser. Hugo schnappte sie sich vorsichtig mit seinem großen Maul und öffnete sie neugierig. Darin fand er eine geheimnisvolle Nachricht:

"Lieber Finder, suche den geheimen Garten, wo Träume wahr werden und Wunder geschehen. Folge dem Fluss bis zur alten Eiche. Dein Abenteuer beginnt dort."

Hugos Herz klopfte vor Aufregung. Ein geheimer Garten! Das klang nach dem perfekten Abenteuer für ihn. Ohne zu zögern, machte er sich auf den Weg.

Hugo folgte dem Fluss, durchquert dichte Wälder und weite Graslandschaften. Unterwegs traf er viele Freunde, die ihn ermutigten und ihm hilfreiche Tipps gaben. Die kluge Schildkröte Tilda erzählte ihm von den Gefahren des Weges, während der schnelle Gepard Cato ihm den besten Pfad durch den Wald zeigte.

"Pass auf die dunklen Schatten im Dschungel auf", warnte Tilda. "Aber vergiss nicht, dein Herz zu folgen und niemals aufzugeben."

Hugo nickte entschlossen und setzte seinen Weg fort. Nach vielen Stunden erreichte er endlich die alte Eiche. Der Baum war riesig und beeindruckend, mit Zweigen, die sich weit in den Himmel erstreckten.

Unter der alten Eiche fand Hugo ein großes, bemoostes Tor. Darauf waren seltsame Symbole eingraviert. Hugo wusste, dass er das Rätsel lösen musste, um weiterzukommen. Er betrachtete die Symbole und erkannte, dass sie eine Geschichte erzählten. Es war die Geschichte eines mutigen Nilpferds, das sich seinen Ängsten stellte und das Unmögliche möglich machte.

"Um den Garten zu finden, musst du deine größte Angst überwinden", lautete die letzte Zeile. Hugo überlegte, was seine größte Angst war. Er erinnerte sich an die Geschichten, die er seinen Freunden erzählt hatte – Geschichten über Mut und Freundschaft. Er wusste, dass er keine Angst vor Dunkelheit oder Höhe hatte, sondern vor dem Alleinsein.

Hugo atmete tief durch und trat durch das Tor in den dichten, dunklen Dschungel. Die Schatten waren tief und die Geräusche unheimlich. Doch Hugo dachte an die Geschichten und die Worte seiner Freunde. Er wusste, dass er mutig sein musste.

Plötzlich hörte er ein Rascheln in den Büschen. Ein großer, furchterregender Löwe trat heraus. "Wer wagt es, meinen Dschungel zu betreten?" brüllte der Löwe.

Hugo zitterte, doch er erinnerte sich an seine Mission. "Ich bin Hugo, und ich suche den geheimen Garten. Ich möchte die Träume wahr werden lassen und Wunder erleben."

Der Löwe sah ihn lange an, dann begann er zu lachen. "Du bist mutig, kleines Nilpferd. Aber Mut allein reicht nicht. Du musst auch das Herz eines Freundes haben."

Der Löwe führte Hugo zu einem tiefen Tal, in dem viele Tiere in Not waren. "Hilf ihnen und zeige, dass du ein wahrer Freund bist", sagte der Löwe. Hugo machte sich sofort an die Arbeit. Er half einem kleinen Elefantenbaby, das in einer Grube feststeckte, und rettete einen Affen, der sich in einem Netz verfangen hatte.

Die Tiere bedankten sich herzlich bei Hugo. Der Löwe beobachtete alles und nickte anerkennend. "Du hast bewiesen, dass du ein Freund bist. Der geheime Garten ist dein nächstes Ziel. Folge dem Pfad des Lichts."

Hugo folgte dem Pfad, der von schimmerndem Licht erleuchtet wurde. Er führte ihn durch wunderschöne Landschaften, vorbei an glitzernden Wasserfällen und blühenden Wiesen. Schließlich erreichte er eine große Lichtung, auf der sich der geheimnisvolle Garten erstreckte.

Der Garten war atemberaubend. Überall blühten bunte Blumen, und die Luft war erfüllt von süßem Duft. In der Mitte des Gartens stand ein majestätischer Baum, der in allen Farben des Regenbogens leuchtete.

Hugo näherte sich dem Baum und sah, dass unter seinen Wurzeln eine kleine Quelle sprudelte. Eine Stimme ertönte aus dem Baum. "Willkommen, Hugo. Du hast Mut und Freundschaft bewiesen. Trinke von dieser Quelle und die Geheimnisse des Gartens werden dir offenbart."

Hugo trank vorsichtig von der Quelle. Sofort fühlte er eine warme, beruhigende Energie durch seinen Körper strömen. Die Welt um ihn herum begann zu leuchten, und er verstand, dass der Garten ein Ort der Träume und Wunder war, geschaffen, um Freude und Frieden zu bringen.

Mit neuen Kräften und einem Herzen voller Freude machte sich Hugo auf den Weg zurück. Er wusste, dass er den Garten gefunden hatte und dass seine Freunde auf ihn warteten. Der Weg zurück war voller Licht und Farben, und Hugo fühlte sich stärker und selbstbewusster als je zuvor.

Als er endlich nach Hause kam, erzählte er seinen Freunden von seinen Abenteuern und zeigte ihnen das Wasser aus der Quelle. Die anderen Nilpferde und Tiere im Fluss waren beeindruckt von Hugos Mut und Freundschaft.

Zu Ehren von Hugos Entdeckungen und seiner Tapferkeit wurde ein großes Fest organisiert. Alle Tiere der Savanne kamen zusammen, um zu feiern und Hugo zu danken. Es gab Musik,

Tanz und eine prächtige Parade von farbenfrohen Vögeln und fröhlichen Affen.

Hugo war überglücklich und stolz auf das, was er erreicht hatte. Er wusste, dass dies nur der Anfang seiner Abenteuer war und dass noch viele Geheimnisse darauf warteten, entdeckt zu werden.

Und so lebte Hugo glücklich und zufrieden, immer bereit, seine Abenteuerlust zu nutzen, um die Welt ein wenig besser zu machen.

Hugo the Hippo and the Secret Garden

In the heart of Africa, where the sun shines golden on the savanna and the animals roam free, lived a particularly friendly hippo named Hugo. Hugo was not like the other hippos. He was curious and adventurous, always ready to explore new places and make friends.

With his broad smile and big, friendly eyes, Hugo quickly won the hearts of all the animals in the river. He had a special talent: he could tell stories that enchanted everyone and made them dream.

One sunny morning, while Hugo was splashing in his favorite lake, he discovered something unusual. A small bottle was floating on the water. Hugo carefully grabbed it with his big mouth and curiously opened it. Inside, he found a mysterious message:

"Dear finder, seek the secret garden, where dreams come true and wonders happen. Follow the river to the old oak. Your adventure begins there."

Hugo's heart pounded with excitement. A secret garden! It sounded like the perfect adventure for him. Without hesitation, he set off.

Hugo followed the river, crossing dense forests and vast grasslands. Along the way, he met many friends who encouraged him and gave him helpful tips. The wise turtle Tilda told him about the dangers of the journey, while the fast cheetah Cato showed him the best path through the forest.

"Watch out for the dark shadows in the jungle," warned Tilda. "But don't forget to follow your heart and never give up."

Hugo nodded determinedly and continued on his way. After many hours, he finally reached the old oak. The tree was huge and impressive, with branches stretching far into the sky.

Under the old oak, Hugo found a large, moss-covered gate. Strange symbols were engraved on it. Hugo knew he had to solve the riddle to proceed. He studied the symbols and realized they told a story. It was the story of a brave hippo who faced his fears and made the impossible possible.

"To find the garden, you must overcome your greatest fear," read the last line. Hugo thought about what his greatest fear was. He remembered the stories he had told his friends – stories about courage and friendship. He knew he wasn't afraid of the dark or heights but of being alone.

Hugo took a deep breath and stepped through the gate into the dense, dark jungle. The shadows were deep, and the sounds were eerie. But Hugo thought of the stories and the words of his friends. He knew he had to be brave.

Suddenly, he heard a rustling in the bushes. A large, fearsome lion emerged. "Who dares to enter my jungle?" roared the lion.

Hugo trembled, but he remembered his mission. "I am Hugo, and I seek the secret garden. I want to make dreams come true and experience wonders."

The lion scrutinized him for a long time, then began to laugh. "You are brave, little hippo. But courage alone is not enough. You must also have the heart of a friend."

The lion led Hugo to a deep valley where many animals were in need. "Help them and show that you are a true friend," said the lion. Hugo immediately got to work. He helped a little elephant calf stuck in a pit and rescued a monkey tangled in a net.

The animals thanked Hugo warmly. The lion watched everything and nodded approvingly. "You have proven to be a friend. The secret garden is your next goal. Follow the path of light."

Hugo followed the path illuminated by shimmering light. It led him through beautiful landscapes, past sparkling waterfalls and blooming meadows. Finally, he reached a large clearing where the mysterious garden lay.

The garden was breathtaking. Colorful flowers bloomed everywhere, and the air was filled with sweet scents. In the center of the garden stood a majestic tree, glowing in all the colors of the rainbow.

Hugo approached the tree and saw a small spring bubbling under its roots. A voice emanated from the tree. "Welcome, Hugo. You have shown courage and friendship. Drink from this spring, and the secrets of the garden will be revealed to you."

Hugo carefully drank from the spring. Immediately, he felt a warm, soothing energy flow through his body. The world around him began to glow, and he understood that the garden was a place of dreams and wonders, created to bring joy and peace.

With new strength and a heart full of joy, Hugo began his journey back. He knew he had found the garden and that his friends were waiting for him. The way back was full of light and colors, and Hugo felt stronger and more confident than ever before.

When he finally returned home, he told his friends about his adventures and showed them the water from the spring. The other hippos and animals in the river were impressed by Hugo's courage and friendship.

In honor of Hugo's discoveries and bravery, a grand festival was organized. All the animals of the savanna came together to celebrate and thank Hugo. There was music, dancing, and a magnificent parade of colorful birds and joyful monkeys.

Hugo was overjoyed and proud of what he had achieved. He knew this was just the beginning of his adventures and that many more secrets awaited discovery.

And so Hugo lived happily and contentedly, always ready to use his adventurous spirit to make the world a little better.